The sleighs of my childhood

Les traîneaux de mon enfance

©Carlo Italiano, 1974

Tundra Books of Montreal
ISBN 88776-050-3

Designed by Rolf Harder, Design Collaborative, Montreal
Typesetting: Typographic Service, Montreal
Printed in the United States

Published simultaneously in the United States by
Tundra Books of Northern New York
Plattsburgh, N.Y. 12901

Library of Congress Card No. 74-83069
ISBN 0-912766-11-5

Les Livres Toundra
Droits réservés, Ottawa 1974
3e trimestre 1974
Bibliothèque nationale du Canada

Maquette: Rolf Harder, Design Collaborative, Montréal
Typographie: Service Typographique, Montréal
Imprimé aux Etats-Unis

# The sleighs of my childhood

by Carlo Italiano

# Les traîneaux de mon enfance

Traduction par René Chicoine

Tundra Books

Les Livres Toundra

To my daughter Liana who loves horses, too

A ma fille Liana qui aime les chevaux aussi

When I was a boy, I could tell what sleigh was coming to my house — or passing near it — by the sound of its bells. There was always a sleigh bell to be heard, tinkling or jingling, bonging or clunking, sometimes singly and sometimes in chorus. For Montreal in the 1920s and 1930s was the sleigh center of the world. No other city with so much snow was so wealthy. No other place had such a variety of commercial sleighs.

We had at least 100 inches of snowfall a winter, and sometimes as much as 150. The snow was not removed from most streets but simply ploughed to the sides. Sand was used only on the sidewalks — and we wished it wasn't because it spoiled our slides. Streets wide enough for four wagons to get by each other in summer barely allowed two sleighs to pass in winter. Snowbanks, sometimes so high we couldn't see over them, separated the sidewalks from the roadways.

I lived in what was then a wonderful part of Old Montreal — on Glackmeyer, a pretty tree-lined dead-end street with a children's park. My father and mother had settled in the area when they first came from Italy, and for several years they owned a grocery store where Montreal's main post office now stands. Our street was on the site of the François Desrivières farm which dated back to 1811, and there still remained a log house that had been one of the original farm buildings. It was a great street for sleigh watching. We were between two railway stations, near one of the city's most elegant hotels and within walking distance of two of the largest markets in Canada. One day, when I was ten, a steam shovel came and within a few hours removed the park. My mother was heartbroken and decided that it was time to move away, so we went to live in the north end of Montreal.

C'était au temps de mon enfance. Je devinais par le son des grelots quel traîneau allait s'arrêter chez nous ou passer tout droit. Toujours, quelque part, des grelots tintaient, résonnaient, frémissaient, en solo ou en chœur. Dans les années 20 et 30, on pouvait en effet considérer Montréal comme la capitale des clochettes. Aucune autre ville sous la neige ne pouvait offrir une aussi riche variété commerciale de traîneaux.

Il tombait au moins une centaine de pouces de neige chaque hiver quand ce n'était pas cent cinquante pouces. On ne l'enlevait pas, on la poussait d'un côté et de l'autre avec ce qu'on appelait la *charrue*. Puis on épandait du sable sur les trottoirs, au grand désespoir des glisseurs que nous étions. Une chaussée qui permettait à quatre voitures de circuler librement en été en laissait passer deux à peine l'hiver venu. Les bancs de neige isolaient les trottoirs, et tellement que, parfois, ils nous coupaient la vue.

J'habitais, dans le vieux Montréal, un cul-de-sac qui faisait merveille à l'époque. C'était la jolie rue Glackmeyer bordée d'arbres avec, entre deux gares de chemin de fer, un terrain de jeux pour enfants. Mon père et ma mère venaient d'Italie. Celle-ci décida de s'établir comme épicière dans une bâtisse qui, par la suite, a cédé la place au bureau central de la poste. La rue Glackmeyer, elle, est dressée sur l'emplacement de l'ancienne ferme de François Desrivières, qui datait de 1811. Il en restait encore un bâtiment construit «pièce sur pièce». C'était une rue idéale à l'époque pour observer les traîneaux: un des hôtels les plus distingués était situé dans le voisinage; nous n'étions pas tellement loin de deux des plus grands marchés de tout le Canada; bien entendu, les deux gares étaient constamment un point d'arrivée et de départ de traîneaux. Un jour — j'avais dix ans — une pelle à vapeur surgit et, en l'espace de quelques heures, détruisit le terrain de jeux. Navrée, ma mère décida qu'il était temps d'aller s'installer ailleurs, ce qui nous amena dans la partie nord de la ville.

There were very few automobiles. Even in the early 1930s many Montrealers who owned cars put them away for the winter, generally up on blocks in a garage, for it was too difficult to run them on the snow-covered streets. Public transportation was mostly by streetcar, and sleigh drivers had to be careful not to let their runners get caught in streetcar-track switches, called *frogs*. Trucks were gradually replacing sleighs, but the transition was slowed down by World War II, and a few sleighs — like those owned by the milkman, the breadman and the local grocer — were still to be seen in the late 1940s.

I started to draw them almost as soon as I could hold a pencil. I would sit in the window of our house and draw whatever sleighs I saw. When I was not in school or drawing, I was outside bothering the sleigh drivers, hitching rides on the backs of the sleighs or asking questions about the horses.

I particularly liked the farmers. Many of their sleighs were homemade and that made them different to the city sleighs. The farmers arrived on Fridays with their winter supplies for the market: salt pork, dry beans, apples, potatoes, turnips, carrots, and other root crops. Since they stayed overnight, they unhitched their horses — which the older boys would lead up to Mrs. Charlebois' livery stable on St. Félix Street. The owners paid us a nickle, sometimes as much as seven cents, to do it. They didn't know we would have been glad to do it for nothing.

Il y avait relativement peu de voitures automobiles. Même au début des années 30, leurs propriétaires préféraient, en général, les remiser sur blocs pour l'hiver à cause du problème occasionné par les rues enneigées. Par conséquent, le transport se faisait en commun, par tramways.

Aux intersections, les conducteurs de traîneaux devaient bien prendre garde de ne pas laisser les patins s'encadrer dans les aiguilles des rails. Mais camions et camionnettes allaient graduellement remplacer les traîneaux. Toutefois, la Seconde Guerre mondiale ralentit le changement. Ainsi, vers la fin des années 40, les traîneaux de certains laitiers, boulangers ou épiciers étaient encore en circulation.

J'ai commencé à dessiner des traîneaux en les observant de ma fenêtre dès l'âge, ou peu s'en faut, où je pus tenir un crayon. La part faite à l'école ou au dessin, je passais mon temps dehors, quémandant des randonnées en «faisant du pouce» avant l'heure. J'importunais les conducteurs et leur posais toutes sortes de questions sur les chevaux.

J'aimais bien les fermiers. Souvent, ils fabriquaient eux-mêmes leurs traîneaux qui, de ce fait, avaient un aspect particulier. Ils arrivaient le vendredi avec leur chargement de saison: porc salé, haricots secs, pommes de terre et pommes «fameuses», navets, carottes et autres racines alimentaires. Devant rester jusqu'au lendemain, ils dételaient leurs chevaux que les plus vieux d'entre nous conduisaient à l'écurie de louage de Mme Charlebois, rue Saint-Félix. L'*habitant* nous donnait cinq cents, parfois sept. Et dire qu'on l'aurait fait pour le seul plaisir!

My father worked out of town on railway construction so my mother often took me to Bonsecours Market to help her shop. My father had built me a sled and I nailed a Connors Fish box on it to carry the shopping home. There were nine of us children and my mother always made her own sausages, so she needed a lot of meat. I loved to wander around the market. There was so much to look at, particularly around Christmas, not just the sleighs but the food stalls with pheasant and hare and suckling pigs. Even live animals like chickens and rabbits were sold, and turtles to make turtle soup. The poultry came in all colors, sizes and breeds — Barred Plymouth, Rhode Island Reds, Bantams, Leghorns — not supermarket-naked like today.

Toward Easter a wonderful thing would happen. The grocers all decorated their horses and sleighs with paper flowers — cut from crepe paper in blues and yellows and pinks. But spring was a frustrating time for all of us kids who loved horses. Patches of pavement would start showing through the snow and the horses would find the pulling very hard. It was difficult for a driver to know the best time to switch over from sleigh to wagon; some streets might still be snow covered, while intersections might have a bare surface. My friends and I had long talks about how a wagon might be built with both runners and wheels that could be moved up and down depending on whether or not there was snow on the streets. We never did figure out a way to do it.

Then years later, around 1948 I guess it was, one day I saw a sleigh that actually had just that — both wheels and runners — either of which could be put into use depending on the state of the streets. I remember standing and watching it. The great sleigh problem had been solved at last. But by that time there was hardly a sleigh left on the streets to make use of it.

Ma mère m'amenait souvent au marché Bonsecours. Une grande boîte vidée de ses poissons «Connors» et clouée sur un mini-traîneau — mon père, qui travaillait dans la construction des chemins de fer, me l'avait fabriqué — servait au transport des victuailles à la maison. Il fallait compter sur une énorme quantité de viande: ma mère avait neuf jeunes bouches à contenter, sans compter qu'elle faisait elle-même sa saucisse. C'était bien amusant de flâner au marché, surtout à l'époque des fêtes alors qu'il y avait tellement à voir. Les traîneaux naturellement, mais aussi les étals où s'empilaient lièvres, faisans et cochons de lait. On vendait même des animaux vivants comme des poules, des lapins et, pour les potages de choix, des tortues. Les volailles étaient de toutes couleurs, grosseurs et races: *Barred Plymouth, Rhode Island Reds, Bantams, Leghorns*. C'est vous dire qu'elles ne se présentaient pas toutes nues comme c'est la mode courante de nos jours.

Juste avant Pâques, il se produisait une chose merveilleuse. Tous les épiciers décoraient leurs chevaux et leurs vitrines de fleurs en papier crêpé. Bleues, jaunes, roses . . . Mais le printemps avait un aspect déplaisant pour ceux d'entre nous qui aimaient les chevaux. La chaussée apparaissait ici et là, rendant difficile la traction animale. Le conducteur se grattait la tête, se demandant à quel moment remplacer le traîneau par la voiture: la rue était enneigée mais non pas les intersections. Mes amis et moi, ce qu'on a pu discuter! Ce serait tellement mieux de pouvoir faire alterner, au besoin, roues et patins sous un même véhicule. Seulement, nous n'arrivions jamais à trouver le truc approprié.

Bien des années plus tard — c'était vers 1948 — je vis un traîneau équipé, précisément, de la combine tout terrain. Je me souviens être resté là très longtemps à contempler cette merveille; le grand problème du transport par traîneau avait été résolu. Hélas! combien restait-il de traîneaux à Montréal pour profiter de cette ingénieuse invention?

## 1 The chip wagon

When the whistle on the roof of the chip wagon blew, it was like a Pied Piper calling us kids — and just as irresistible.

Even though in winter the chip wagons changed their wheels for sleigh runners, we still called them "chip wagons," never chip sleighs. And although we ate from them the year round, their marvelous french-fried potatoes and steamed hot dogs never tasted so good as in winter. The chip wagons usually stopped after school hours at municipal skating rinks, and on Saturdays and Sundays at Fletchers Field on Mount Royal where skiers and toboganners were out in numbers. No matter what ingredients and love our mothers used, their french-fried potatoes never tasted as good as the chipman's. You could smell the wonderful aroma even before you got close to the wagon. The chips were served in paper cones, always greasy and always wonderfully warm to the touch for cold, young hands. There was vinegar for the chips and mustard and cabbage for the hot dogs. If you had an extra dime, a rare thing, you could also get hot buttered popcorn and even hotter roasted peanuts in the shell. Many chip wagons, especially in Montreal's north end, were operated by people of Ukrainian origin.

While the whistle on the roof blew and the windows fogged up, the chipman shook the basket of his deep fryer, turned valves, pumped fuel, and dispensed happiness.

## 1 Le vendeur de *patates* frites

Pied Piper, le joueur de flûte, n'aurait pas attiré les enfants davantage quand le sifflet sur le toit de la voiture annonçait le marchand de frites.

En hiver, les patins remplaçaient les roues, mais pour nous c'était le marchand, et non pas une *slé,* qui glissait sur la neige. Et on avait beau manger des frites et des *hot dogs* l'année durant, jamais on n'y mordait d'aussi bonnes dents qu'en hiver. En semaine, la voiture s'arrêtait après la classe à une patinoire «de la ville» et, les samedis et dimanches, à *Fletchers Field* sur le versant du Mont-Royal, où se retrouvaient les skieurs et amateurs de *traîne* sauvage. Nos mères faisaient des frites, elles aussi. Mais leurs frites, préparées avec tendresse, ne semblaient jamais aussi savoureuses que celles du marchand. La voiture n'était pas encore proche que déjà vous pouviez vous griser du délicieux arôme. Les frites vous étaient servies dans un cornet de papier inévitablement graisseux, faisant chaud au cœur et à la main frileuse. Frites au vinaigre et *hot dogs* au choux et à la moutarde. Ah! mais si vous aviez un dix cents d'*extra,* vous pouviez avoir du *popcorn* au beurre ou encore des *peanuts* en écale, qui étaient encore plus chaudes. Bon nombre de ces marchands ambulants, surtout dans le nord de la ville, étaient d'origine ukrainienne.

Pendant que le sifflet invitait les enfants et que les fenêtres s'embuaient, l'homme aux frites agitait son panier bouillonnant d'une main et, de l'autre, tournait des valves, pompait le combustible et distribuait de la joie.

## 2 The Nuns

Just before Christmas, nuns of certain orders traveled around the city collecting for the poor. They used a special closed-in sleigh with a tiny curtained window through which they could peek. If you caught a glimpse of the inside as the sisters stepped out, you saw a simple interior with seats upholstered in leather. The sleigh was immaculately kept. The varnished black exterior carried a small shiny brass plate with the name of the order etched on it. The driver, usually an old sacristan, could protect himself from the weather by rolling down canvas side curtains which had little mica windows. In all, it was an austerely handsome rig rather like the closed black buggies the Amish people use even today.

## 2 Le traîneau des bonnes sœurs

Juste avant Noël, certaines congrégations de religieuses faisaient la quête pour les pauvres à travers la ville. Leur voiture couverte était percée d'une minuscule fenêtre garnie d'un rideau derrière lequel elles risquaient un coup d'œil. Quand elles en sortaient, vous pouviez entrevoir un intérieur très simple, avec des banquettes en cuir. Propreté immaculée. Extérieur noir verni et plaque de cuivre bien astiquée où était gravé le nom de la congrégation. Cheval léger et harnais sans défaut où brillait l'or des cuivres.

Le conducteur était en général un vieux sacristain. Il se protégeait du vent en déroulant de chaque côté de petits rideaux percés de fenêtres en mica. C'était, somme toute, un équipage austère mais pittoresque.

## 3  The Knife Sharpener

When we heard Gelindo Bertoldi's sleigh bell outside our house, my mother quickly searched for knives and scissors that needed sharpening, for we never knew exactly when he would pass our way again.

More regularly you would see his sleigh stopped in front of the small neighborhood butcher shops and grocery stores that gave him steady business in those days before supermarkets.

His sleigh was a traveling workshop with a gas heater. I liked to watch him through its large windows and see the sparks fly as he stood over his grinding wheel, sharpening, repairing, making keys. His sleigh often remained in one place for a long time as he worked, so his horse had a particulary close-fitting canvas-covered blanket.

## 3  L'aiguiseur de couteaux

Quand ma mère entendait les clochettes du traîneau de Gelindo Bertoldi le rémouleur, elle se mettait fébrilement à chercher couteaux et ciseaux émoussés vu qu'elle ne savait jamais exactement quand il repasserait.

Les rues du voisinage qu'il fréquentait à jour fixe étaient celles où logeaient les bouchers et les épiciers, clientèle assurée en ces temps déjà lointains où n'existaient pas encore les supermarchés.

Son traîneau était en réalité un atelier, muni d'un poêle à gaz. C'était fascinant que de regarder par les grandes fenêtres les étincelles qui jaillissaient de la meule à aiguiser quand il affûtait des couteaux ou fabriquait des clefs. Son travail l'obligeait souvent à rester assez longtemps au même endroit. C'est la raison pour laquelle son cheval était protégé contre le froid par une couverture de toile particulièrement bien ajustée.

## 4   The Fruit Peddler

The fruit and vegetable peddler had a sleigh that looked like a little house.
It was crudely put together, usually by the peddler himself, but it had a unique
charm because of its little windows and its tiny chimney. Empty fruit crates
were stacked on the roof, and I remember those beautiful lithographed labels,
contrasting with the snow around them, with their trademarks *Blue Goose, Royal
Feast, California Dream, Sea Cured*. The crates were used to light the coal in
the Quebec heater inside. The stove was not so much to keep the driver warm
(he usually rode outside), but to keep the produce from freezing. The old horse
was protected by a homemade blanket and his pail for drinking water hung
on the wall of the sleigh. The peddler's metal licenses were also nailed on the side,
each year another of a different color being added to those of the preceeding years.

The peddler carried a small selection of fruit from door to door in a basket to
show and take orders. But some housewives insisted on coming out to choose
for themselves. Inside the sleigh was lit by a coal-oil lamp and had the wonderful
smell of a root cellar.

Most of the fruit peddlers left the raw wood of their wagons to age like an old
barn, though a few, I remember, painted theirs railway-station red. The little
chimney was the favorite target for our snowballs.

## 4   Le colporteur de fruits et légumes

Le traîneau du colporteur de fruits et légumes faisait penser à une petite maison.
Un peu mal assemblée parce que de construction domestique, mais d'un
charme singulier dû à ses fenêtres de rien du tout et à sa mini-cheminée. Une fois
vidés, les cageots (que nous appelions des crétes d'après le mot anglais crate)
étaient empilés sur le toit. Leurs belles étiquettes aux couleurs de *Blue Goose,
Royal Feast, California Dream, Sea Cured,* offraient avec la neige environnante un
contraste frappant. A l'intérieur de la petite «roulotte», on les utilisait pour
faire prendre le charbon dans un poêle du genre «tortue». Non pas tant pour
réchauffer le conducteur, qui se tenait plutôt en dehors, que pour empêcher
le gel des produits. Un couvre-pieds maison protégeait le vieux cheval (la vieille
*picouille)*. Sur un des murs de la maison ambulante, le sceau à boire du cheval
voisinait avec les plaques de permis qui, en changeant chaque année, apportaient
une couleur de plus à la collection.

Tenant un panier de légumes ou un petit baril de fruits, le *pèdleur* faisait du porte
à porte. Mais certaines ménagères tenaient à aller choisir sur place. L'intérieur
était éclairé à l'huile à lampe et sentait merveilleusement la cave à provisions.

La plupart des *pèdleurs* laissaient leurs voitures vieillir sans peinture, comme les
granges. Quelques-unes, cependant, étaient peintes du même rouge que les
gares de l'époque. Mais ce qui nous attirait le plus, au fond, c'était la petite
cheminée coiffée de son chapeau pointu que nous visions avec des balles de neige.

## 5   The Milk Sleigh

Milk sleighs were out on the streets each winter morning long before daylight. It took a very bad snowstorm to block their way. Sometimes they followed the first snowplough up the street. I remember lying in bed and hearing the sound of empty glass bottles being put in the metal carrying basket outside our door.

The milk horse, like the bread horse, knew the run as well as its driver. While the milkman ran up the steps to deliver at one house, the horse was already moving on to the next stop — something our modern trucks have never learned to do.

Some milk sleighs had a passageway down the center between two banks of compartments. Others, like the one I've illustrated here, had a standing platform at the rear with a handrail for the driver. The company trademark was painted on the sleigh and stenciled or stitched on the horse's blanket.

On very cold mornings the milk froze before we took it inside. A solid white neck stuck up inches above the bottle, the little cardboard lid still perched on top like a hat. It was a poor children's ice cream.

## 5   Le laitier

La tournée du laitier commençait bien avant la levée du jour en hiver. Je me souviens encore du bruit que faisaient les bouteilles vides en heurtant les cases en métal du panier ajouré.

La voiture du laitier était posée sur patins bas; seule une très grosse tempête de neige pouvait lui fermer la route. Il lui arrivait, toutefois, d'avoir à suivre un chasse-neige, qu'on appelait une *charrue* par analogie.

Certains véhicules étaient divisés en deux coffres séparés par un couloir. Les autres, comme le montre l'illustration, se contentaient d'une plate-forme à l'arrière, avec barre d'appui pour le conducteur. La marque de commerce de la laiterie était peinte sur le côté du traîneau ou cousue sur la couverture du cheval.

Les jours de grand froid, le lait avait le temps de geler avant qu'on puisse venir à sa rescousse. De la bouteille surgissait un petit cou blanc bien raide, coiffé comiquement d'un bouchon dépaysé, et qui devenait, dans les familles pauvres, la crème glacée des enfants.

Tout comme le cheval du boulanger, le cheval du laitier connaissait la tournée par cœur. Pendant que le laitier grimpait un escalier, le cheval se dirigeait au prochain arrêt. Ça, c'est un truc que nos camions modernes n'ont jamais pu apprendre.

## 6   The Royal Mail Sleigh

The sleigh that did the pickup from mail boxes was a small low tub-type vehicle pulled by a fairly light, fast horse. When the sleigh was full you saw the sacks sticking up on top, just inside the "fiddle-rail."

The Royal coat of arms, the gold-leaf lettering, the deep red color of the sled, the stenciled GR (king at the time) on the canvas covering the horse, made a very impressive sight. So did the uniform of the driver with the badge of a federal employee on his melton and fur cap. It all made one feel that here was organization and that the mail would always get through.

## 6   Le traîneau de la *malle*

Le traîneau qui faisait la levée des boîtes aux lettres était une sorte de caisse tirée par un cheval plutôt léger et rapide. Quand il était rempli, vous pouviez voir les sacs dépasser la barre d'appui qui ceinturait les côtés.

Les armoiries royales, les lettres à la feuille d'or, le rouge profond de la caisse, le monogramme du monarque régnant imprimé au pochoir sur la *couverte* de la toile du cheval: GR, cela était assez impressionnant. Il en était de même du conducteur, avec son insigne d'employé fédéral sur son bonnet d'étoffe bordé de fourrure. Cela donnait confiance. On ne pouvait douter du service postal: la distribution du courrier, on en était sûr, se ferait sans défaillance.

## 7  The Baked Bean Sleigh

The beautiful baked bean sleigh was all veneer and varnish, painted in browns and ochres with an illustration of a pot of beans on it. And the beans were just as delicious as they looked.

The bean man passed on set days each week. Housewives came down a few icy steps carrying their empty earthenware bean pots, and got in exchange a full pot, sometimes still hot, from an insulated section of the sleigh.

I used to meet the bean man on Lagauchetière Street just as I was trotting home from school for lunch. And whenever I saw him, I would hope he had stopped at my house.

## 7  Le vendeur de *binnes*

Le beau traîneau du vendeur de *fèves* au lard était en contreplaqué peint brun et ocre bien verni, illustré d'une marmite faisant voir son contenu. Et ma foi! les *binnes* (en réalité: des haricots et non pas des fèves) étaient aussi délicieuses que la marmite le promettait.

Le vendeur passait chaque semaine à jour fixe. Les ménagères risquaient le danger de quelques marches glissantes pour lui apporter une marmite vide. Il l'échangeait pour une marmite bien remplie et encore chaude, parfois, quand elle sortait de la section isolante du traîneau.

C'est en revenant de l'école que je croisais le beau traîneau verni. Chaque fois que je l'apercevais, j'espérais de tout mon cœur qu'il s'était arrêté à notre porte . . .

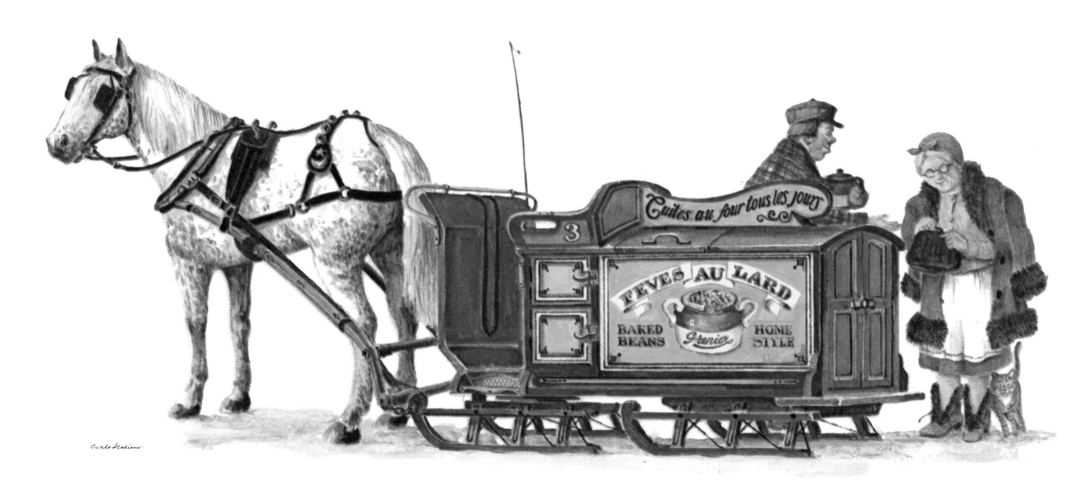

## 8 The Movers Sleigh

Moving heavy machinery over snow and ice required very special sleighs. These were usually great flat-bed sleds with reinforced runners and truck (the runners assembly). They carried block and tackle, planks, jacks, and ropes, and were pulled by as many as four horses, depending on what was being moved.

Heavy draft horses such as Clydes, Belgians, and Percherons were used and it took a good man to handle them. The bells on the double team had a distinctive series of rings and on very cold days the heavy loads made the runners squeak. Then, too, the vapor that arose from the hard-working horses was like a cloud of steam. You could just feel the power in it all.

The company whose sleigh I have illustrated here was founded in 1903 and was one of the largest forwarding companies in North America in its time. It certainly had the largest number of horses and sleighs — over three hundred horses and four hundred rigs.

## 8 Les déménageurs

Il fallait des traîneaux de construction spéciale pour le transport de la machinerie lourde sur la neige et la glace. C'était généralement de grandes plates-formes dont les doubles patins et les essieux pivotants étaient renforcés. Ils étaient équipés de cales, palans, crics et cordages. On pouvait y atteler jusqu'à quatre chevaux quand le chargement l'exigeait.

On employait de robustes chevaux de trait comme des *Clydes,* des belges et des percherons; ce n'est pas n'importe qui qui aurait pu les maîtriser! Quand l'équipe était double, les clochettes faisaient entendre une harmonie typique de tintements multipliés alors que le froid intense faisait grincer les patins sous les lourds chargements. La buée qui émanait des chevaux donnant de rudes coups de collier les entourait comme d'un nuage de vapeur. De l'ensemble se dégageait une impression de puissance qui nous frappait.

La compagnie (société) dont on voit ici un traîneau a été fondée au début du 20e siècle. C'était peut-être, à l'époque, la plus grande entreprise de transport en Amérique du Nord. En tous cas, elle possédait certainement le plus grand nombre de chevaux et de traîneaux: plus de trois cents chevaux et plus de quatre cents équipements d'hiver ou d'été.

## 9  The Grocery Sleigh

Nearly every grocery store had horse and sleigh delivery — although small orders that didn't have to go very far would usually be taken care of by a boy after school, using his own sleigh with a box nailed on top.

The grocery sleighs were small box type pulled by small, compact horses measuring about 14 hands or less. They were called Quebec ponies; they were not the small Shetland ponies children ride. The ponies moved at a quick trot, their bells tinkling rapidly and cheerfully. The delivery boy wore an apron, had a pencil stuck behind his ear, and he carried his loads quickly up those winding outside staircases of Montreal that could sometimes be treacherously slippery and came down just as quickly with cases of empty beer bottles.

Just before Easter the ponies blossomed with beautiful crepe-paper flowers. If Easter was very late in April, however, the sleighs might have turned into wagons.

## 9  Le traîneau de l'épicerie

Presque toutes les épiceries avaient un cheval de livraison, bien que les petites commandes des environs étaient confiées à un écolier après la classe.

La *slé de la grocerie* était faite d'une sorte de caisse de format modeste montée sur traîneaux d'une seule pièce, et tirée par un petit cheval grassouillet mesurant au plus quatorze palmes (longueur d'une paume). C'était ce qu'on appelait un poney du Québec. (Qu'il ne faut pas confondre avec le poney Shetland à l'usage des enfants.) Le poney allait bon trot, faisant joyeusement tinter ses grelots. Le jeune livreur portait tablier par devant et crayon derrière l'oreille. Fardeau sous le bras, il grimpait allègrement un de ces escaliers extérieurs à angles tournants comme il y en a encore à Montréal — ils pouvaient être très glissants en hiver — et les dégringolait tout aussi vite en emportant des caisses de bouteilles de bière vides.

Juste avant Pâques, le poney de l'épicier du coin se faisait tout beau: on le parait de fleurs en papier crêpé. Si Pâques se faisait trop attendre, la voiturette remplaçait le traîneau. Mais elle avait également du charme: elle ressemblait, elle aussi, à un jouet.

Among the many farm sleighs that came to the markets in Montreal, my favorite was this traditional habitant sleigh. It had been handmade by its owner. Even its harness was so simple, it could usually be repaired on the farm.

The horse pulling this sleigh was the same animal that pulled the plough and did other farm chores. Its driver always seemed to wear a gray winter coat tied at the waist with his own particular *ceinture fléchée*. I don't remember ever seeing a driver that was not smoking his *bon tabac canayen*.

Bien des cultivateurs venaient vendre leurs produits en ville. La *carriole* traditionnelle de l'*habitant,* qu'il avait fabriquée de ses mains, était mon traîneau préféré. Le harnais était également très simple et pouvait être, de façon générale, réparé à la ferme.

Le cheval qui tirait le traîneau était également celui qui tirait la charrue, sans compter ses autres tâches. Le conducteur ne semblait jamais porter autre chose qu'un gros *capot* gris, serré par une ceinture fléchée, tissée à la ferme. Et naturellement, il avait toujours à la bouche une pipe de bon tabac *canayen*.

## 11   The Brewery Sleigh

Breweries in nearly all countries took great pride in their horses, harnesses and vehicles; their teams of draft horses were well matched and in beautiful condition. Montreal breweries — Molson's, Labatt's, Dow and, of course, Dawes Black Horse — were no exception.

The team I have illustrated here is typical. The well-groomed Percherons originated in France, a cross of ancient Norman and Arab breeds. They were a deep, dappled gray, docile but extremely powerful. The letter "V" for Victory and its Morse code symbol ···— in the form of a brass on the horses' flanks dates this particular pair in the early 1940s and reflects Molson's involvement in the war effort.

The scroll-dash, the fittings and the light double runners were so beautiful, it was hard to realize that this sleigh was really a heavy hauler with a big-load capacity.

## 11   Le traîneau de la brasserie

Presque partout dans le monde, les chevaux, harnais et véhicules étaient, pour les propriétaires de brasseries, un objet d'orgueil. Leurs paires de chevaux, toujours bien assortis, resplendissaient de force et de santé. Ne faisaient pas exception à la règle les brasseries de Montréal: Molson, Labatt, Dow et, bien entendu, Dawes Black Horse.

La paire que montre l'illustration est typique: percherons de sang croisé normand et arabe, originaires de France, gris pommelé, bien soignés, dociles mais très forts. Les médaillons du harnais où se détachent la lettre V, symbole de la victoire, et les trois points suivis d'un tiret qui en sont l'équivalent dans l'alphabet Morse situent cette paire de chevaux au début des années 40. La lettre en relief indiquait le désir de la brasserie Molson de participer à sa manière à ce qu'on appelait l'effort de guerre.

La partie avant du traîneau était formée d'un tablier en doucine, ou double courbe élégante. Les garnitures et les doubles paires de patins légers étaient également un plaisir pour l'œil. Il était difficile d'imaginer que ce véhicule avait réellement été construit pour le transport maximum de chargements lourds.

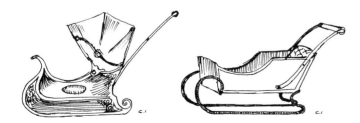

## 12   The Freight Sleigh

The C.N.R. freight sleighs were known as flat-bed sleighs, heavy haulers or cartage sleighs. They were painted the railway's regulation colors and they always carried a broom for sweeping the debris after goods were transferred.

The heavy-draft horses — Percherons, Clydesdales and sometimes Shires — were well-equipped with sturdy long straw collars and heavy traces. Hames, hooks and terrets were all of polished brass, and sleigh bells hung from the breast straps.

Often, whether regulations permitted it or not, a German Shepherd or other large capable dog would ride the sleigh with his master. He protected the contents while the driver made deliveries, but he also kept us from ever hitching a ride.

The carter himself sometimes wore leather puttees with a pencil stuck in them, sometimes a leather apron, and always he seemed to have a pipe.

## 12   Un traîneau du C.N.R.

Les traîneaux de transport du C.N.R. consistaient en plates-formes de tailles diverses. On les peignait aux couleurs des Chemins de fer nationaux et on les équipait d'un balai pour l'enlèvement des raclures et déchets.

Les gros chevaux de traits, percherons, *Clydesdales* et parfois *Shires,* étaient bien harnachés avec leurs robustes colliers rembourrés de paille et leurs solides courroies de traction (appelées traits). Les attelles (pièces de fixation des traits sur le collier), les anneaux et les mousquetons (crochets fermés par un ressort) étaient en cuivre et bien astiqués; les grelots décoraient les courroies du poitrail. Le charretier avait, lui aussi, ses ornements: le tablier de cuir prévenant les accrocs, les molletières protégeant les jambes (avec crayon coincé près du genou) et toujours, semblait-il, une pipe à la bouche.

Autre ornement utile, et tant pis si c'était contre le règlement: bien souvent un berger allemand ou tout autre chien de taille impressionnante accompagnait son maître. Son rôle consistait à garder les marchandises pendant les périodes de livraison. Et indirectement à nous interdire, comme vous pensez bien, tout désir de promenade à l'œil.

## 13   The Epicure Sleigh

If any commercial sleigh could be likened to a Rolls Royce, this one was it. The firm of Henry Gatehouse was established in Montreal in 1891 and catered to the carriage trade. In those days before deep-freezing, the highly perishable quality foods Gatehouse sold were very expensive.

So the sleigh that carried them was appropriately elegant. I was very much impressed with it when I was young and saw it making deliveries at the Queen's Hotel. I remember the oval glass on the side covered a real stuffed hare, mallard duck and quail.

The horse was of a particularly fine breed. Its bells, brasses and traces were highly finished, reflecting the quality of the products seen on the sleigh's lettering. Everything about it was immaculate, polished and sparkling.

## 13   Un traîneau pourvoyeur de bonne chère

Dans la mesure où il serait possible de comparer des traîneaux à caractère commercial à une Rolls Royce, ceux de la maison Gatehouse, maison établie à Montréal en 1891, auraient été tout désignés. La congélation n'existait pas à l'époque pour protéger les aliments fins et extrêmement périssables que Gatehouse devait vendre très cher. A cause des prix élevés, les traîneaux se devaient d'être d'une élégance appropriée.

Je fus très impressionné quand, encore tout jeune, je vis un de ces traîneaux s'arrêter à l'hôtel Queen's pour y faire sa livraison. Il y avait de quoi: un lièvre, une caille et un canard sauvage empaillés, sous un verre de forme ovale, décoraient un des flancs du traîneau.

Tout était poli, brillant, immaculé. Le cheval racé, les grelots et médaillons bien astiqués et les courroies impeccables devenaient les symboles de la qualité des produits énumérés dans l'inscription lettrée.

Harry the ragman never needed to call his customers. The sound of his sleigh was different to all the others and there was no mistaking the dull "clunk, clunk." Harry had the only horse with cowbells.

He was our favorite person, our sole source of revenue. We passed on old stove lids, lead pipes, empty bottles and old rags — sometimes, I must confess, not so old. But Harry was more honest than the kids he dealt with and he would often tell us to bring things back home. If it wasn't for Harry, none of us kids would have got to see "King Kong" and the beautiful Faye Wray at the Canada Theatre.

His horse was an old plug, but he did the job and we all loved him. Layers and layers of potato sacks were on his back to keep him comfortable. One day my mother asked me what Harry called his horse. When I told her, she washed out my mouth with soap.

Nul besoin pour Harry le chiffonnier d'appeler la clientèle. Personne ne pouvait se méprendre sur le son un peu sourd des *clonques clonques* de son traîneau. Et pour cause: il était le seul à posséder un cheval avec des cloches à vache!

Nous avions un faible pour lui. On lui refilait des «dessus» de vieux poêles, des tuyaux de plomb, des bouteilles vides et de vieux chiffons qui n'étaient pas toujours, je dois l'avouer, aussi vieux que ça. Mais le marchand de «guénilles» était plus honnête que les garnements avec lesquels il traitait. Bien des fois il nous a conseillé de rapporter le butin à la maison. Malgré tout, si ce n'avait été de ce brave Harry, aucun de nous n'aurait pu se payer d'aller voir «King Kong» et la belle Faye Wray au cinéma Canada.

Son cheval était une vieille *picouille,* mais il faisait honnêtement son travail et nous l'aimions bien. Sur son dos, Harry entassait de vieux sacs de pommes de terre afin de le protéger du froid. Un jour, ma mère me demanda comment Harry appelait son cheval. Je me crus obligé de le lui dire: elle s'empressa de me laver la bouche avec du savon.

## 15  The Snow Removal Sleigh

In the 1930s, when unemployment was very high, the men welcomed a heavy snowfall for it meant work. After a snowstorm, every available sleigh was mobilized and men worked around the clock to make the streets passable.

Horses pulling ploughs pushed the snow from roadways and sidewalks into banks. Men then shoveled the snow into the sleighs, and it was hauled to inter-sections where a manhole had been uncovered and protective barriers put up. There the snow was dumped to be carried by underground sewers to the river.

Snow-removal sleighs were crudely made of unpainted boards. The sides were built up to hold as much snow as possible because the owner was paid by the cubic foot of snow hauled. The capacity of each sleigh was stenciled on its side by an Inspector, and a license issued. The sleighs were pulled either by a single horse or a team. Since it took a long time to fill a sleigh, the horses often dozed under their blankets.

Snow-removal sleighs were the very best for young boys to hitch rides on. They moved very slowly, and the drivers never bothered us.

## 15  L'enlèvement de la neige

Dans les années 30, alors que le chômage sévissait, une épaisse chute de neige tombait comme la manne dans le désert car elle s'associait à du travail payé. La tempête terminée, on mobilisait tous les traîneaux disponibles afin que les journaliers travaillent jour et nuit au dégagement des rues.

Tirées chacune par un cheval, les *charrues* tassaient la neige le long des trottoirs et de chaque côté de la chaussée. Cela formait des bancs de neige qu'on attaquait à coups de pelle. On remplissait les grands traîneaux qui se rendaient ensuite aux ouvertures d'égouts, qu'on entourait de barrières préventives pendant le déchargement. La neige tombait dans des gouffres obscurs qui l'entraînaient vers l'eau des rivières.

Les traîneaux de déblaiement étaient de construction primitive. Les hautes ridelles (les quatre panneaux), faites en planches non peinturées, cherchaient à contenir le plus de neige possible vu qu'elle était évaluée au pied cube. Un contrôleur veillait à ce que le chiffre de capacité du traîneau soit imprimé au pochoir sur un des panneaux et qu'un permis soit issu en conséquence. Le traîneau était tiré soit par un seul cheval soit par une équipe. Le chargement à la pelle était plutôt lent de sorte que les chevaux, à l'abri sous leurs couvertures, avaient le temps de faire un petit somme.

Ces traîneaux, qui allaient lentement, représentaient une aubaine pour les jeunes enfants qui voulaient s'y agripper, d'autant plus que les conducteurs n'y voyaient aucune objection.

Coal and wood were used for fuel in those days, not oil, and the coal sleigh was a common sight. It was rough and sturdy and so was the horse. He moved at a slow pace, and had plenty of time to rest while the coal was loaded and unloaded.

Coal for home use was usually delivered in sacks. You knew how many sacks made a ton, or half a ton, and you could count them to make sure you were getting the proper weight. Nearly every Montreal house had a coalbin in the cellar, while second and third-story flats had a shed behind specially for keeping coal in winter. The coalman had to carry the sacks into the shed, often up narrow winding steps. The grimy faces of the coalmen had clean spots where they wiped the perspiration off their foreheads with their mitts.

Ground-floor flats were served through a basement window by a chute that emptied into the coalbin there. The chute was often a metal brewery sign discarded by a tavern, and the coalman carried a large coal shovel on his sleigh specially to keep the coal moving down the chute.

If you were too poor to buy a big supply of coal at once, you could get a tall thin yellow paper bag of coke from your corner grocery store, but it might take three or four such bags to keep a fire going all day.

En ce temps-là, on ne se chauffait pas à l'*huile*, c'est-à-dire au mazout, mais au bois et au charbon. Le transport nécessitait un traîneau bien solide et un cheval à l'image du traîneau. La charge était lourde et le cheval devait avancer lentement, mais il avait tout le temps de se reposer au chargement et au déchargement. Le charbon d'usage domestique était, règle générale, livré en sacs. Tant de sacs équivalaient à une tonne ou à une demi-tonne: vous n'aviez qu'à compter pour être sûr d'en avoir pour votre argent.

Presque chaque rez-de-chaussée avait son «carré» à charbon dans la cave. Les deux étages au-dessus avaient leurs propres remises (appelées «hangars»), situées à l'arrière, où s'entassait le charbon pour l'hiver. Par un escalier très étroit et tournant à angles droits, le charbonnier montait les sacs. Son visage noirci s'éclaircissait chaque fois qu'il essuyait la sueur de son front.

Le soupirail du soubassement permettait de remplir le *carré* de la cave à l'aide d'un couloir qu'on appelait une *chute*. Le couloir consistait souvent en une vieille enseigne de brasserie en métal courbé provenant d'une taverne. Avec la grosse pelle qu'il trimballait à cet effet, le charbonnier lançait le charbon sur la pente du couloir.

Les gens pauvres ne pouvaient s'approvisionner pour la saison. Ils achetaient du coke dans des sacs longs, étroits et jaunes chez l'épicier du coin. Mais pour entretenir un feu durable, il fallait brûler trois ou quatre sacs par jour.

## 17   The Sightseeing Sleigh

Of all the wonderful sleighs that once filled the streets of Montreal, the sightseeing sleigh is the only one still in use. You will find it only on the winding roads of Mount Royal Mountain where no cars are allowed. There all winter long it takes passengers up to the Lookout for a view of the city by day or night.

Today the sleighs are rarely pulled by more than one horse, but I can remember a time when teams of horses were used. The sleighs were bright red, green or blue, had shiny rails and handholds, and carried buffalo robes or bearskins to keep the passengers cozy.

But one thing hasn't changed. A ride up Mount Royal by sleigh is still one of the happiest things to do in Montreal during winter.

## 17   Le tour de la montagne

De tous les merveilleux traîneaux qui sillonnaient les rues de Montréal autrefois, les traîneaux-observatoire sont les seuls qui soient encore en usage. Mais on ne peut les voir, maintenant, que dans les chemins sinueux du Mont-Royal interdits aux automobilistes. Le jour ou le soir, l'hiver durant, ils vous permettent de contempler la ville du haut de l'esplanade.

De nos jours, il est rare qu'on voie un de ces traîneaux tiré par plus d'un seul cheval, mais il fut un temps où on employait les chevaux par équipe. De couleurs brillantes, rouges, vertes ou bleues, les *carrioles* avaient des barres d'appui et des poignées toutes brillantes; des peaux d'ours ou de bisons tenaient les voyageurs bien au chaud. Une chose n'a pas changé cependant. Les grelots tintent tout aussi joyeusement qu'autrefois et une randonnée en traîneau sur le Mont-Royal est un des plaisirs les plus positifs que peut offrir l'hiver montréalais.

## 18  The *Star* Sleigh

The *Montreal Star* sleighs were loaded in Fortification Lane and the papers were delivered to newsstands throughout the city where they sold for two cents.
The horses resembled the working *potvains* of Holland and France; they had large hooves but were nevertheless quick.

## 19  The Spice Sleigh

The distributor of tea, coffee and spices had his own sleigh. This one had oval side windows, mohair upholstery and many different doors and compartments. The horse was a light Morgan type with a very ornate set of silver-plated bells mounted on the back strap. Its blinders, headbands and cheek pieces were decorated with light silver bosses. To keep the horse from wandering while deliveries were being made, a tie-wait (sometimes called a tie-weight) was attached to his bridle.

## 20  City of Montreal Inspector

The City of Montreal Inspector traveled around in a small black cutter, usually pulled by a small lightweight horse. The Inspector was usually a dignified-looking civil servant who sometimes wore a raccoon coat and a fur hat. His job was to inspect the lanes and streets and water hydrants. The lanes in those days were a world apart and were maintained in the winter so that the garbage sleighs could use them.

## 21  The Bread Sleigh

The daily bread was delivered to the home by horse and sleigh. What I liked best about this sleigh was the little folding step in the rear which made a convenient seat for young boys to steal rides on.

## 18  Le livreur du «Star»

C'est dans le passage des Fortifications que s'empilaient les exemplaires du *Montreal Star* dans les traîneaux. Les chevaux ressemblaient à ceux qui étaient originaires de Hollande ou du Poitou: lourds de sabots mais rapides de mouvement.

## 19  Le marchand d'épices

Le marchand de thé, café et épices était son propre patron. Son traîneau avait des fenêtres, plusieurs portes et compartiments et ses parois étaient rembourrées de mohair (poil de chèvre). Le cheval était léger, du type «Morgan». La sellette était surmontée d'un jeu de clochettes en argent plaqué. Œillères, bandeaux et montants étaient décorés d'ornements en bosselage d'argent. Et pour enlever au cheval la tentation du vagabondage, on attachait à la bride une entrave en fonte de forme circulaire.

## 20  L'inspecteur «de la ville»

L'inspecteur municipal voyageait dans un traîneau noir construit à même les patins, et tiré par un cheval léger de petite taille. Un de ces inspecteurs, entre autres, conduisait une jument noire au harnais magnifique, décoré de clous en argent. L'inspecteur était habituellement un fonctionnaire très digne portant bonnet de fourrure et manteau de *chat sauvage*. Son travail consistait à vérifier l'état des ruelles, rues et bouches d'incendie. C'était un monde à part que celui des ruelles.

## 21  Le boulanger

Le dimanche excepté, le pain était livré à domicile tous les jours. Ce qu'il y avait de plus attirant en ce traîneau, c'était la petite marche pliante située à l'arrière. N'était-ce pas une pressante invitation à faire des randonnées gratuites?

18

19

20

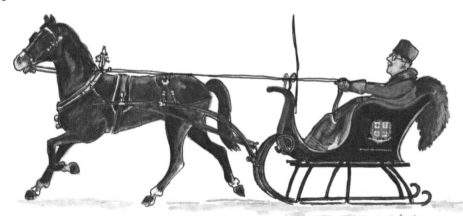

21

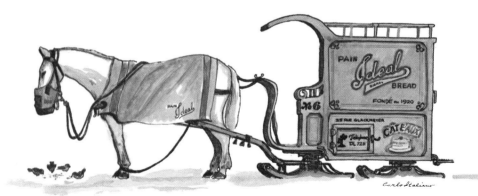

In winter the Montreal Fire Department used highly specialized sleighs often converted from wagons. Here I have painted a drum-type hose sleigh.

I felt very lucky if I was near Station No. 4 at Chaboillez Square when the fire alarm rang and I could see the engines set out. Everything was kept at the ready. The tongue of the sleigh — that long single shaft of wood that separates the two horses in a team — with harness affixed and open at the cinches was suspended from the ceiling at the outgoing position in the firehouse. The stalls were in the rear, and at the sound of the alarm the horses had been trained to position themselves under the harnesses. The tongue was then lowered and the cinch straps tightened. The sleighs, which stood on metal rollers or on greased slide plates recessed in the floor, would then literally explode out of the station.

Le Service des incendies utilisait des traîneaux d'un caractère très particulier qui, souvent, consistaient dans la transformation pour l'hiver des voitures utilisées aux autres saisons. L'illustration ci-contre représente ce qu'on pourrait appeler un dévidoir.

Je m'estimais très heureux quand le hasard me menait près du poste n° 4, place Chaboillez, juste au moment où l'alarme se déclenchait. Tout était réglé à l'avance. Le timon (longue pièce de bois qui se place entre deux chevaux), auquel étaient fixés le harnais et les deux sangles, était suspendu près du plafond dans la direction de la sortie. Les chevaux étaient dressés, en sortant de leurs stalles situées à l'arrière, à venir se placer d'eux-mêmes sous le harnais. Le timon descendait et les sangles étaient bouclées sous le ventre des bêtes. Grâce à des rouleaux de métal ou à des plaques encastrées et graissées, les traîneaux jaillissaient littéralement du poste, tirés par des chevaux fous de joie et de grand air anticipé.

This steam-driven pump, its chimney belching smoke and sending sparks flying, was an awesome sight as it raced toward a fire. It was pulled by three or four horses (sometimes matched grays). Only fire horses were allowed to move at full gallop through the city, and sometimes they had all four hooves off the ground.

Once at the scene of the fire, these splendid animals were unhitched and led off to a safe place. If the fire station was close enough, they would be brought back there. If not, the firemen would hitch them to a pole out of harm's way, strew some hay or straw at their feet, and throw blankets over their backs.

It was always great watching horses pull fire engines, but somehow it was especially so in winter with the red engines against the white snow, the horses panting into the cold and the bells clanging and drowning out all other sounds as they passed.

Avec sa cheminée vomissant une épaisse fumée auréolée d'étincelles, la pompe à vapeur, tirée par trois ou quatre chevaux bien assortis, avait de quoi impressionner. Seuls les chevaux des pompiers pouvaient en toute légalité galoper dans la ville. Et à une telle vitesse que parfois leurs sabots ne semblaient pas toucher la chaussée. Une fois les traîneaux rendus au lieu du sinistre, on dételait les chevaux afin de les mener en lieu sûr. Au poste même si la distance le permettait; sinon on les attachait à un poteau éloigné de tout risque. On répandait un peu de foin ou de paille à leurs pieds et on les couvrait de couvertures.

Voir passer les pompiers, admirer les chevaux au galop, cela était excitant. Mais en hiver, ce l'était encore davantage. Le rouge des véhicules contrastait avec la blancheur de la neige, l'haleine des chevaux se transformait en buée et les grosses cloches retentissantes, en annulant les bruits environnants, se faisaient l'écho du moment dramatique que nous vivions.